고지신은 우리 어린이들이 어제를 헤아리며 오늘을 살고 내일을 열어 갈 수 있도록,
어제에서 건져 올린 빛나는 것들을 오늘에 맞게 갈고 다듬어 전하는 우리 문화 그림책입니다.

글쓴이_박동화

대학에서 문학을 공부한 뒤 오랫동안 여러 매체에 글을 써 왔습니다. 아들딸과 함께 그림책을 읽기 시작한 뒤로 그 매력에 푹 빠져서, 가끔은 아이들보다 더 열심히 그림책을 보곤 합니다. 요즘은 재미있는 논픽션 그림책을 쓰는 일에 관심을 두고 열심히 작업하고 있습니다.

그린이_정성화

대학에서 시각디자인을, 한겨레 일러스트레이션 학교에서 그림책 과정을 공부했습니다. 오랫동안 어린이책에 그림을 그렸으며, 밝고 명랑하면서도 기발한 아이디어가 돋보이는 그림들을 선보여 왔습니다. 한국 안데르센상 출판미술 부문 최우수상과 국제 노마 콩쿠르 장려상을 받았습니다. 그림을 그린 책으로 《만국기 소년》,《아무한테도 말하지 마세요》,《재주 많은 삼형제》들이 있습니다.

고지신 05

한글 우리말을 담는 그릇

ⓒ 박동화 · 정성화, 2008

초판 1쇄 발행 2008년 10월 1일 | 초판 34쇄 발행 2025년 4월 22일
펴낸이 임선희 | 펴낸곳 ㈜책읽는곰 | 출판등록 제2017-000301호
주소 서울시 마포구 성지길 48 | 전화 02-332-2672~3 | 팩스 02-338-2672
홈페이지 www.bearbooks.co.kr | 전자우편 bear@bearbooks.co.kr | SNS Instagram@bearbooks_publishers
ISBN 978-89-93242-04-1, 978-89-960170-0-4(세트)
편집 우지영, 우진영, 이다정, 최아라, 박혜진, 김다예, 윤주영, 도아라, 홍은채 | 디자인 SALT&PEPPER Communications, 강효진, 김은지, 강연지, 윤금비 | 마케팅 정승호, 배현석, 김선아, 이서윤, 백경희, 김현정 | 경영관리 고성림, 이민종 | 저작권 민유리 | 협력업체 이피에스, 두성피앤엘, 월드페이퍼, 원방드라이보드, 해인문화사, 으뜸래핑, 문화유통북스

이 책은 저작권법에 따라 보호받는 저작물이므로 무단 전재와 무단 복제를 금합니다.
이 책 내용의 전부 또는 일부를 사용하시려면 반드시 저작권자와 출판사의 동의를 얻어야 합니다.

 KC마크는 이 제품이 공통안전기준에 적합하였음을 의미합니다.
제조국 : 대한민국 | 사용 연령 : 3세 이상
책 모서리에 부딪히거나 종이에 베이지 않도록 주의해 주세요.

한글
우리말을 담는 그릇

박동화 글 | 정성화 그림

세상에는 수많은 말이 있어. 자그마치 육천 가지가 넘는다고 해.
하지만 모든 말이 제 글자를 가진 건 아니야.
이 세상에 있는 글자는 고작 이백 가지에 지나지 않거든.
그 가운데 하나가 바로 한글이야.
중국말은 '한자'로, 일본말은 '가나'로, 영어나 프랑스어는
'알파벳'으로 쓰듯이, 우리말은 우리 글자 '한글'로 쓰지.
우리나라 사람들이 우리말을 쓰기 시작한 건
언제인지 알 수 없는 까마득한 옛날이야.
그럼 우리말을 한글로 적은 건 언제부터일까?
우리말이 생겨날 때 한글도 같이 생겨난 걸까?

먼 옛날 우리 조상들은 중국 글자인 한자를 빌려다 썼어.
중국에서 앞선 학문과 기술을 들여오다 보니,
자연스럽게 우리말도 한자로 적게 된 거지.
그땐 아직 우리 글자가 없었거든.
하지만 우리말은 중국말과 달라서, 한자로 옮겨 적기가 쉽지 않았어.
가장 답답한 건 우리말을 소리 나는 대로 적을 수 없다는 거야.
'잠'이라는 쉬운 말도 '睡眠'이라고 쓰고,
'수면'이라고 읽어야 했거든.

게다가 한자는 낱낱의 글자가 정해진 뜻을 가진 뜻글자라
새로운 뜻이 생길 때마다 새로운 글자를 만들어야 해.
그러다 보니 오늘날 중국 사람들이 일상생활에서 쓰는
글자 수만 해도 자그마치 삼천 자가 넘는다고 해.
온종일 책을 읽고 시를 쓰던 양반들이야
한자를 배워 쓰는 게 큰 문제가 아니었지.
하지만 한 해 내내 농사짓기에 바쁜 백성들은
그 많은 글자를 언제 다 배우고 익히겠어.
그까짓 글자 좀 모르면 어떠냐고? 정말 그렇게 생각해?

장쇠는 머슴살이를 하면서 한 푼 두 푼 모은 돈으로
땅을 사기로 했어. 그런데 욕심 사나운 땅 주인이
장쇠가 글을 모른다는 걸 알고, 땅을 파는 게 아니라
몇 해 빌려 주는 것으로 문서를 꾸민 거야.
장쇠는 몇 해 동안 피땀 흘려 가꾼 땅을
말 한마디 못하고 빼앗기고 말았지.

나라에서 새로운 법을 만들면서 한자로 방을 써 붙였어.
곳곳에 방이 나붙었지만 까막눈인 막동이는
무슨 소리인지 도무지 알 수가 없었지.
그러다가 법을 어겨 곤장을 백 대나 맞아야 했어.

간난이는 시어머니에게 옷감에 물들이는 법을 배웠어.
그런데 시어머니가 돌아가신 뒤에 옷감에 물을 들이려고 했더니,
시어머니가 내던 그 빛깔이 안 나는 거야. 글로 적어 두질 않았으니
무엇을 빠뜨렸는지 무엇을 잘못했는지 도무지 알 길이 없었지.
간난이는 죽을 때까지 그 일을 안타까워했어.

섬에서 자란 꽃네는 바다 건너 뭍으로 시집을 갔어.
외동딸인 꽃네는 부모님 걱정에 잠 못 이루는 밤이 많았지.
잘 지낸다는 편지라도 보낼 수 있으면 좋으련만,
글을 모르니 날마다 바다 쪽을 바라보며 한숨만 지었어.

지금으로부터 육백 년 전, 조선의 네 번째 임금이 된 세종은
백성들에게 믿음을 얻는 길이 무얼까 곰곰 생각했어.
그러다 보니 백성들이 글자를 몰라 겪는 어려움에 생각이 미쳤지.
세종은 우리말에 꼭 맞는 글자를 만들기로 마음먹고,
이웃 나라에서 글자에 관한 책들을 모아들였어.
나라 안의 인재들을 모아 집현전을 만들고,
학자들과 밤새 공부하며 생각을 나누기도 했지.
그러다 한번은 눈병이 나서 시골로 휴가를 떠났는데,
다른 일은 다 신하들에게 맡겨도
글자 만드는 일만큼은 손에서 놓지 않았다고 해.

1446년 음력 9월, 세종은 드디어
새로운 글자를 세상에 내놓았단다.
새 글자는 '백성을 가르치는 바른 소리'라는
뜻으로 '훈민정음'이라 이름 붙였지.
세종은 새로 만든 글자를 발표한 책
맨 앞에 이런 이야기를 써넣었어.

"우리나라 말과 소리가 중국과 달라서
한자를 가지고는 서로 통할 수 없으므로,
백성들은 하고 싶은 말이 있어도
그 뜻을 펴지 못하는 일이 많다.
나는 그것을 불쌍히 여겨 새로
스물여덟 자를 만들어, 백성들이 쉽게 배워
날마다 편하게 쓸 수 있도록 하려 한다."

나랏말쓰미 中듕國귁에달아 文문字쫑와로서르ᄉᆞᄆᆞᆺ디아니ᄒᆞᆯᄊᆡ 이런젼ᄎᆞ로어린百빅姓셩이니르고져홇배이셔도 ᄆᆞᄎᆞᆷ내제ᄠᅳ들시러펴디몯홇노미하니라 내이ᄅᆞᆯ爲윙ᄒᆞ야어엿비너겨

그럼 세종은 훈민정음을 어떻게 만들었을까?
우리가 쓰는 한글은 닿소리 열네 자와 홀소리 열 자로 이루어져 있어.
닿소리는 소리를 낼 때 혀나 입술, 이, 목구멍이
어떤 모양인지 생각해서 만들었다고 해.
ㄱ과 ㄴ은 혀가 입 안에서 구부러지는 모양, ㅁ은 입 모양,
ㅅ은 이 모양, ㅇ은 목구멍 모양을 본뜬 거지.
나머지 닿소리는 이 다섯 개 닿소리에다 획을 덧붙여서 만들었고.

홀소리는 더 쉬워. 둥근 하늘을 뜻하는 'ㆍ', 평평한 땅을 뜻하는 'ㅡ',
똑바로 선 사람을 뜻하는 'ㅣ', 세 가지 밑글자를 모아서 만들었지.
옛사람들은 하늘, 땅, 사람이 우주를 이루는 바탕이라고 생각했거든.
이렇게 만든 닿소리와 홀소리를 블록 놀이 하듯 짜 맞추면
수많은 글자가 생겨나. 자그마치 11,172가지나 되지.
한글은 이렇게 한 글자 한 글자를 과학적인 틀에 따라 만들었고,
사람과 우주가 어우러져 살아가는 이치까지 담은 멋진 글자란다.

닭 우는 소리, 개 짖는 소리, 바람 소리도
그대로 옮겨 적을 수 있는 글자.
슬기로운 사람은 아침 한나절에도 깨치고,
어리석은 사람이라도 열흘이면 깨칠 수 있는 글자.
이렇게 뛰어난 글자를 만들어 내놓았으니,
온 백성이 기뻐하며 열심히 배워 쓰려고 했겠지?
하지만 사실은 그렇지 않았어.
몇몇 양반들은 중국의 눈치를 보느라
우리 글자를 따로 만들어 쓰는 걸 반대했지.
양반들이야 뭐라건 궁궐이나 양반 집안 여자들,
백성들 사이에선 한글이 점점 퍼져 나갔어.
글을 모르던 사람이 처음으로 글을 배워 제 이름 석 자를 썼을 때,
멀리 있는 식구에게 편지를 썼을 때, 얼마나 기뻤을지 생각해 봐.

"편지 보고 무사히 있다 하니 눈으로 보는 듯
든든하고 반가워 다시금 본다.
지난번에 왔다가 급히 돌아갈 때는 섭섭한 마음이 더하였으니,
다음 세상에서는 서로 떠나는 일 없이 살면 좋겠구나."
인선 왕비가 결혼한 딸 숙휘 공주에게 보낸 편지야.
한글을 쓰면서 비로소 마음속 이야기를 그대로 편지에 담아
서로 정을 나눌 수 있게 된 거지.

유명한 학자 집안의 안주인 빙허각 이씨 부인은
《규합총서》라는 책을 한글로 써서 남겼어.
음식과 옷 만드는 법부터 논밭을 일구고 가축을 기르는 법,
아이를 낳고 기르는 법, 아플 때 몸을 보살피는 법까지,
갖가지 지혜를 꼼꼼히 담아 자손들에게 물려주었지.

학자 허균은 한글로 《홍길동전》이라는 이야기를 썼어.
어수선한 세상을 따끔하게 꼬집으면서도,
누구나 재미있게 읽을 수 있는 이야기지.
우리나라 사람들의 생각과 느낌,
경험을 담은 문학작품들이 만들어지고,
백성들이 책을 읽으며 울고 웃을 수 있게
된 것도 한글 덕분이란다.

나라에서도 백성들에게 꼭 필요한 농사짓는 법이나
병 고치는 법을 다룬 책을 한글로 펴냈어.
백성들이 글을 몰라 어울한 일을 당하지 않도록,
새로 만든 법을 한글로 발표하는 일도 조금씩 늘어났지.

그 뒤 일본이 우리나라를 지배하면서
한글은 또다시 천덕꾸러기가 될 뻔했어.
일본이 우리말과 글을 쓰지 못하게 했거든.
하지만 한글이 어떤 글자인데 쉽게 사라지겠어!
주시경과 조선어학회를 비롯해 많은 사람들이
우리말과 글을 지키기 위해 갖은 애를 썼지.
'한글'이라는 이름도 이때 생겼어.
그리고 우리 겨레가 해방을 맞으면서
한글은 드디어 우리나라의 대표 글자로 자리 잡았어.
한글이 세상에 나온 지 오백 년 만의 일이야.

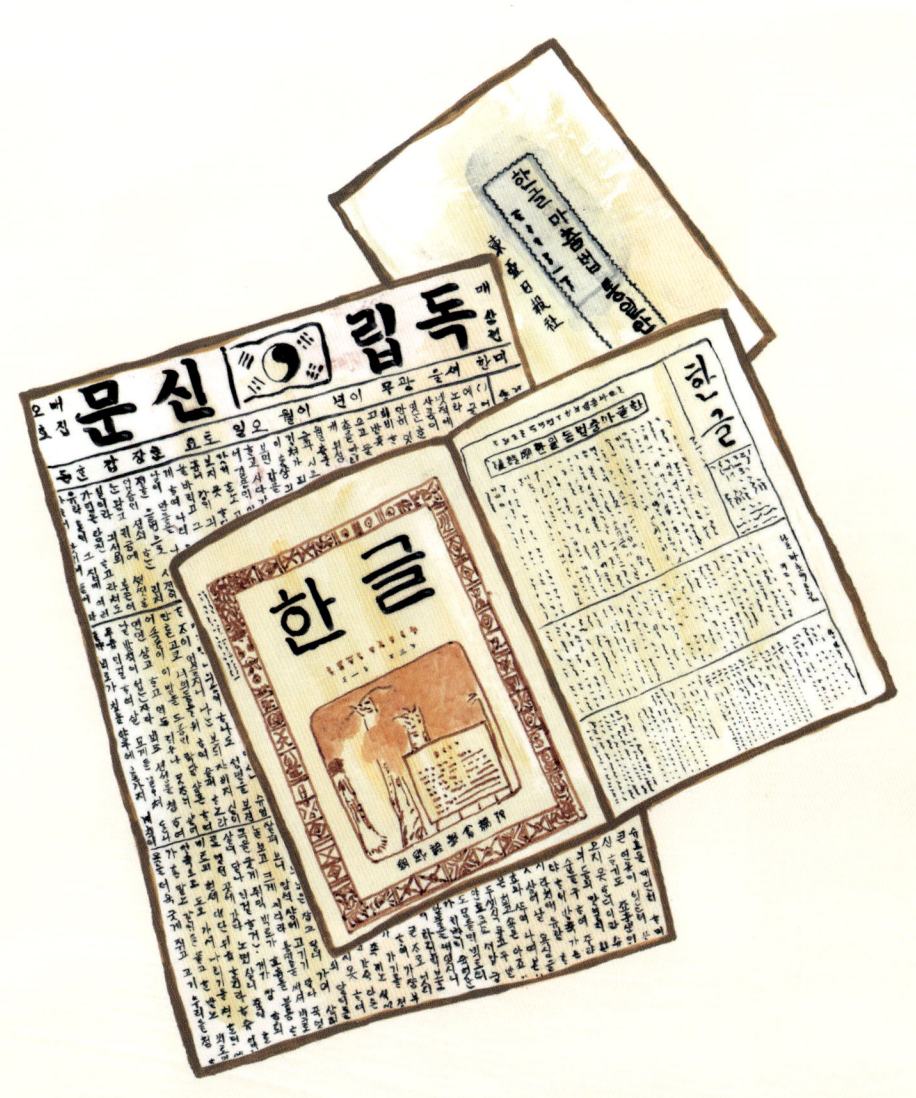

올를 우리나라의 글자를 모르는 사람이 구천
구백구십만 명이나 되었어.
거기 온 사람들이 글자를 배우러 온 거야.
세상에 태어난 말들은 많이 자라서 기차동무도
되고 사람들이 앉아가지 못하는 곳에 사람이 없어.
유치원에서 공부 많이 한 교육이를 사람들에게
얘기해 주라는 교장선생님이 오늘 정말 대단한 것이야.

수원화성 공사 일기

바로 이 글을 쓰신 정조 임금님이십니다.

수원화성을 지은 우리 할아버지 그리고, 할 말,

그때 바로 정조임금님,

아이들아 이름까지 대다마 기억해 내는구나 대단할 수 있구나,

우리 나도 대표 공사 책임자 정약용 대감 할 수 있구나,

세상에 자신 보도 모든 말을

엄마 아빠와 함께 읽는 한글 이야기

글자는 왜 생겨났을까?

아주 오래전부터 사람들은 글자를 써 왔어요. '말'은 입 밖으로 나온 순간 사라져 버려요. 하지만 글자로 써서 남기면 오랫동안 기억할 수 있고, 먼 곳에 있는 사람에게도 전할 수 있으며, 오랜 세월이 흘러도 다시 볼 수 있지요.

처음에 사람들은 그림을 그리거나, 막대기에 눈금을 새기거나, 매듭을 만들거나 해서 말하고 싶은 내용을 전했어요. 하지만 사람들이 한곳에 머물러 살기 시작하고 사회가 점점 복잡해지면서, 그림이나 매듭만으로는 서로 하고 싶은 이야기를 정확히 전할 수 없었어요. 그래서 사람들은 글자를 만들어 쓰기로 약속하였고, 긴 세월이 흐르면서 차츰차츰 한자나 알파벳처럼 잘 다듬어진 글자가 만들어졌지요.

세계 여러 나라의 글자(인사말)

- 한국 : 안녕하세요
- 중국 : 你好 (니하오)
- 일본 : こんにちは (곤니치와)
- 영국, 미국 : Hello (헬로)
- 러시아 : Здравствуйте (즈드라스부이쩨)
- 이탈리아 : Ciao (챠오)
- 인도 : नमस्ते (나마스떼)
- 타이 : สวัสดี (싸왓디)
- 아르헨티나 : Hola (올라)

우리 조상들은 어떤 글자를 썼을까?

오늘날 세상에는 200가지쯤 되는 글자가 있다고 해요. 중국말은 '한자'로, 일본말은 '가나'로, 영어나 프랑스어, 이탈리아어 들은 '알파벳'으로 쓰고, 우리말은 우리 글자, '한글'로 쓰지요.

그런데 우리나라 사람들이 처음부터 한글을 쓴 것은 아니에요. 먼 옛날 우리 조상들은 가까운 중국에서 앞선 기술과 문화를 받아들였어요. 그러다 보니 자연스럽게 중국에서 만든 한자를 우리 글자처럼 쓰게 되었지요.

하지만 우리말은 중국말과 달라서, 한자로 쓰기에는 불편한 점이 참 많았어요. 우선 우리말을 소리 나는 대로 쓸 수 없어서, 어려운 한자말로 바꿔 적어야 했지요. '잠'을 '睡眠(수면)'으로, '밥'을 '食事(식사)'로, '옷'을 '衣服(의복)'으로 쓰는 것처럼 말이에요. 또 한자는 글자 하나하나마다 정해진 뜻이 있는 '뜻글자'라서, 새로운 말뜻이 생길 때마다 새로운 글자를 만들어야 해요. 그러다 보니 배워야 하는 글자 수가 아주 많았지요. 우리말을 소리 나는 대로 적으려고 '이두'나 '향찰'처럼 한자를 고쳐서 써 보기도 했지만, 그것도 쉽지 않았어요.

한자는 익히는 데 시간이 많이 걸리다 보니, 날이면 날마다 공부하는 게 일인 양반이 아니면 글자를 배워서 쓰기가 매우 어려웠어요. 백성들은 글자를 몰라서 멀리 떨어져 사는 그리운 이에게 편지도 쓸 수 없었어요. 재판에서 억울한 판결이 나도 바로잡아 달라고 할 수도 없었어요. 농사일이나 집안일을 하면서 기억해 두면 좋은 것들을 글자로 남길 수가 없으니, 같은 실수를 되풀이하는 일도 많고 후손에게 전하기도 힘들었지요.

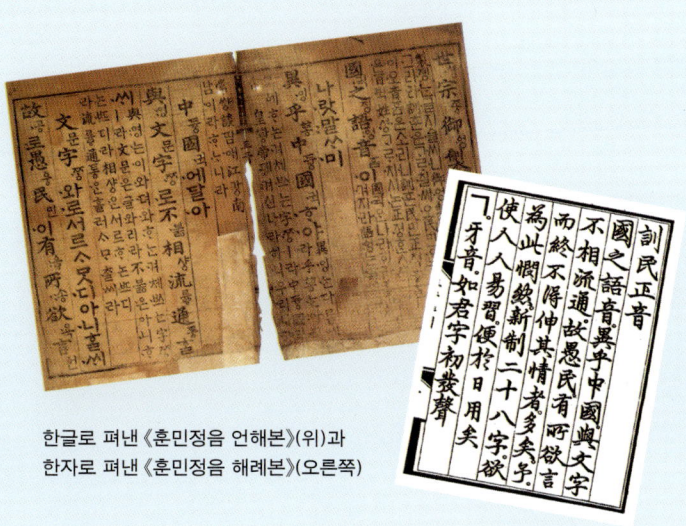

한글로 펴낸 《훈민정음 언해본》(위)과
한자로 펴낸 《훈민정음 해례본》(오른쪽)

한글은 누가 만들었을까?

세종은 지금으로부터 육백 년쯤 전에, 조선의 네 번째 임금이 되었어요. 할아버지 태조가 조선이라는 나라를 세운 지 삼십 년이 채 안 되는 때였지요. 세종은 나라 안팎을 튼튼히 하고 다양한 문화와 과학 기술을 발전시켜 백성들에게 믿음을 얻었어요. 집현전을 세워서 인재를 키우고, 천문·지리·농사법에 관한 책을 펴내고, 혼천의·자격루·앙부일구·측우기 같은 기구를 만들고, 나랏일에 쓰는 음악을 정리하기도 했지요. 세종의 수많은 업적 가운데서도 가장 빛나는 것이 바로 훈민정음을 만든 일이에요.

훈민정음, 곧 한글은 세종이 집현전 학자들과 함께 만들었다고 알려져 있지요. 하지만 최근 학자들에 따르면 세종 혼자서, 공주와 왕자들의 도움을 조금씩 받아 가며 만들었대요. 집현전 학자들은 한글이 다 만들어진 뒤 책을 펴낼 때부터 참여했다고 해요. 세종은 1443년에 새로운 글자를 만들어 놓고도 삼 년이나 더 갈고 닦은 뒤, 1446년에 드디어 '백성을 가르치는 바른 소리'라는 뜻을 지닌 '훈민정음'을 세상에 내보냈어요.

하지만 모든 사람이 새로운 글자를 두 팔 벌려 환영하지는 않았어요. 나라를 다스리는 높은 관리들은 큰 나라 중국을 무척이나 신경 썼어요. 한자를 두고 글자를 따로 만들어 쓰는 건 오랑캐나 하는 짓이라며 상소를 올렸지요. 그래도 한글은 궁궐의 여성들이나 일반 백성들 사이에서 점점 퍼져 나갔어요. 배우기 쉽고 쓰기 쉬워서였지요. 오래지 않아 한글은 편지나 벽보, 소설 들에도 널리 쓰이게 되었답니다.

한글을 만든 원리

세종이 처음에 만든 훈민정음은 스물여덟 글자로 되어 있었어요. 그 가운데 ㆁ, ㆆ, ㅿ, ·는 사라졌고, 오늘날 우리가 쓰는 한글은 닿소리 열네 자(ㄱㄴㄷㄹㅁㅂㅅㅇㅈㅊㅋㅌㅍㅎ)와 홀소리 열 자(ㅏㅑㅓㅕㅗㅛㅜㅠㅡㅣ)로 되어 있어요. 먼저 닿소리는 소리를 낼 때 입 안의 혀나 목구멍

한글을 만든 세종대왕

모양이 어떻게 되는지 생각하면서 만들었지요.
- ㄱ: 혀뿌리가 목젖에 붙는 모습을 본뜸.
- ㄴ: 혀끝이 잇몸에 붙는 모습을 본뜸.
- ㅁ: 입술을 붙인 채 소리 내므로, 입 모양을 본떠 모나게 다듬음.
- ㅅ: 혀끝과 윗니 사이에 바람을 스쳐 소리 내므로, 뾰족한 이 모양을 본뜸.
- ㅇ: 목청이 울리는 소리이므로 목구멍 모양을 본뜸.

이렇게 만든 닿소리 다섯 개에다, 비슷한 방법으로 소리를 내는 닿소리는 획을 보태 만들었어요.
- ㄱ→ㅋ
- ㄴ→ㄷ→ㅌ
  ↓
  ㄹ
- ㅁ→ㅂ→ㅍ
- ㅅ→ㅈ→ㅊ
- ㅇ→ㅎ

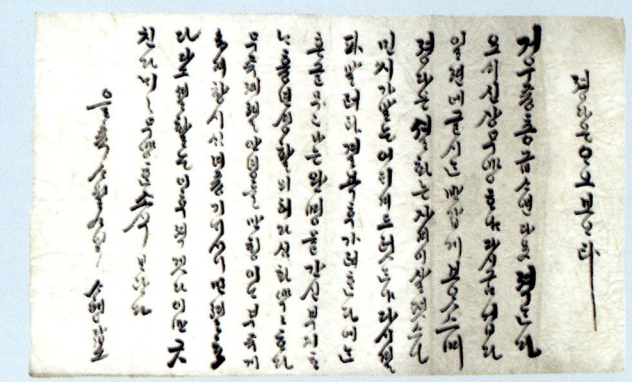

홀소리는 둥근 하늘을 뜻하는 ·, 평평한 땅을 뜻하는 ㅡ, 똑바로 선 사람을 뜻하는 ㅣ, 세 가지 밑글자를 모아서 만들었어요.
- ·+ㅡ=ㅗ   ㅡ+·=ㅜ   ·+ㅣ=ㅓ   ㅣ+·=ㅏ

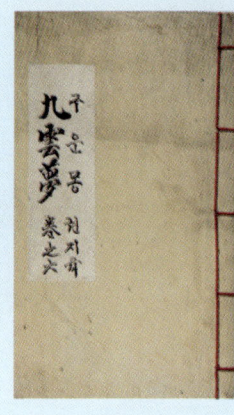

한글로 쓴 편지(맨 위), 한글 소설 《구운몽》(아래 왼쪽), 《삼강행실도》 언해본(아래 오른쪽)

이렇게 만든 닿소리와 홀소리를 '모아쓰기' 해서 글자를 만들지요.
- ㄱ+ㅏ=가   ㄴ+ㅕ=녀   ㄷ+ㅗ=도
- ㄱ+ㅏ+ㄴ=간   ㄷ+ㅓ+ㄹ=덜   ㅁ+ㅗ+ㅂ=몹

가갸거겨고교구규그기, 나냐너녀노뇨누뉴느니, 각난달랄 맘밥삿앙……, 닿소리 열네 개와 홀소리 열 개로 만들 수 있는 글자는 무려 11,172가지나 된답니다. 이렇게 글자 하나하나가 일정한 법칙에 따라 만들어지며, 스물네 개 낱글자를 모아써서 수많은 소리를 표현한다는 점에서, 한글은 정말 쉽고도 과학적인 글자라고 할 수 있지요.

한글이 우리에게 오기까지

세종은 훈민정음을 반포한 뒤 곧바로 《용비어천가》, 《동국정운》, 《월인천강지곡》 같은 책을 펴냈어요. 그 뒤로도 한자 학습서인 《천자문》, 효자와 충신과 열녀의 행적을 담은 《삼강행실도》, 의학 서적인 《구급간이방》, 농사법을 담은 《농사직설》 같은 한자 책이 한글로 번역되어 나왔어요. 또 한글로 쓴 시조와 가사, 소설 같은 문학작품이 나오면서, 백성들도 조금씩 문학작품을 즐길 수 있게 되었지요.

한글이 우리나라의 공식 글자로 인정받게 된 것은 1894년 갑오개혁에서 한글을 '국문(國文)'이라 부르면서부터예요. 하지만 곧 일제강점기에 들어서면서 우리글은 다시 위험에 처했어요. 조선어학회(지금의 한글학회)는 이에 맞서 한글을 갈고 닦는 노력을 계속했어요. '언문'이나 '암글' 같은 말로 낮춰 부르던 훈민정음이 '한글'이라는 이름을 얻고, '한글 맞춤법 통일안'이 발표되고 사전과 교과서, 한글 연구서가 출간되었으며, '가갸날', 곧 한글날도 정해졌지요. 마침내 해방을 맞이하면서 한글은 비로소 우리나라의 참된 대표 문자로 자리 잡게 되었답니다.

한글의 닿소리와 홀소리를 이용한
아름다운 디자인이 돋보이는 대문 ⓒ 안상수

한글의 오늘날과 미래

오늘날 한글이 세계에 알려지면서 다른 나라의 언어학자들도 한글의 우수성에 주목하고 있습니다. 미국의 언어학자인 매콜리 교수는 살아 있을 때 "한글날은 한국인뿐만 아니라 세계인 모두 축하해야 할 날"이라며 강의를 쉬고 학생들을 초대하여 한국 음식을 먹으면서 보냈다고 합니다. 그 밖에도 여러 언어 학자들이 "한글은 언어학적 호사의 극치", "한글은 간결하고 우수하기 때문에 한국인의 문맹률이 세계에서 가장 낮다"는 등 다양한 말로 한글이 세상에서 가장 뛰어난 문자라고 치켜세우고 있지요. 또한 국제연합교육과학문화기구 유네스코에서는 해마다 문맹 퇴치를 위해 노력한 사람에게 상을 주는데, 이 상은 세종 대왕의 이름을 따서 '세종 대왕상(King Sejong Prize)'이라고 한답니다.

게다가 한글의 모아쓰기 방식은 컴퓨터나 휴대전화를 쓰는 데도 편리해서, 오늘날 우리나라가 정보기술에 강한 나라로 성장하는 데 중요한 밑거름이 되었어요. 이를 두고 세종 대왕은 컴퓨터가 개발될 것을 미리 알고 있지 않았을까 하고 농담을 하는 사람들도 있답니다.

한국말을 쓰는 나라가 우리나라밖에 없다 보니 한글은 아직 우리나라 안에만 머무르고 있지요. 하지만 알게 모르게 한글을 세계에 알리려고 노력하는 사람들이 많아요. 글자가 없는 소수 민족들에게 한글을 전하려는 사람들도 있고, 다양하고도 아름다운 한글 글꼴을 만드는 사람들도 있지요. 한글을 옷이나 일상용품 따위에 장식으로 넣어 한글의 아름다움을 세계에 알리려는 사람들도 있어요. 앞으로 한글이 어떤 모습으로 바뀌어 갈지는 날마다 한글을 읽고 쓰며 살아가는 우리에게 달려 있답니다.

윤명조
한글 우리말을 담는 그릇

HY해서M
한글 우리말을 담는 그릇

윤고딕
한글 우리말을 담는 그릇

우리목각
한글 우리말을 담는 그릇

손글씨
한글 우리말을 담는 그릇

다양하고 아름다운 한글 글꼴들